Les grands Criminels sociaux au XXᵉ siècle

1. LES

FAISEUSES D'ANGES

AUTEURS PRINCIPAUX DE

LA DÉPOPULATION DE LA FRANCE

PAR

Lucien-A. CAZALS

(René LAPOINTE)

Chevalier du Mérite agricole et Officier d'Académie au titre de Publiciste,
Linguiste,

Lauréat de la *Société archéologique du Midi de la France* (1ᵉʳ prix en 1902)
et de diverses autres Sociétés savantes.

Propriétaire à Roquesserrière (Haute-Garonne).

> *Homo sum, et humani nihil a me alienum puto.*
>
> *Fay que dobs, advienne que pory.*
>
> ..... *Les principaux efforts ayant pour but de relever notre population doivent tendre à augmenter le nombre des enfants par mariage... Les familles ont peu d'enfants parce qu'elles ne veulent pas en avoir davantage...*
>
> (Dʳ MARREL, Toulouse.)
>
> *Quiconque fait périr ou tente de faire périr un enfant, même avant sa naissance, mérite le bagne.*
>
> (Lucien-A. CAZALS).

PRIX : 0 FR. 30

EN VENTE A TOULOUSE ET DANS LES PRINCIPALES VILLES DE FRANCE :

Chez les principaux Libraires et Marchands de Journaux

Et chez l'auteur { A Montandran (Toulouse).
{ A Roquesserrière (Haute-Garonne).

Perpétuel Cauchemar

DE LA

FAISEUSE D'ANGES

LES FAISEUSES D'ANGES

AUTEURS PRINCIPAUX DE LA

DÉPOPULATION DE LA FRANCE

1· LES

FAISEUSES D'ANGES

AUTEURS PRINCIPAUX DE

LA DÉPOPULATION DE LA FRANCE

PAR

Lucien-A. CAZALS

(René LAPOINTE)

Chevalier du Mérite agricole et Officier d'Académie au titre de Publiciste,
Linguiste,
Lauréat de la *Société archéologique du Midi de la France* (1ᵉʳ prix en 1882)
et de diverses autres Sociétés savantes.
Propriétaire à Roqueserrière (Haute-Garonne).

*Homo sum, et humani nihil a me alienum
puto.*

Fay que doits, avienne que puer.

*... . Les principaux efforts ayant pour but
de relever notre population doivent ten-
dre à augmenter le nombre des enfants
par mariages... Les familles ont peu
d'enfants parce qu'elles ne veulent pas
en avoir davantage...*

(Dʳ MAURES., Toulouse.)

*Quiconque fait périr ou tente de faire périr
un enfant, même avant sa naissance,
mérite le bagne.*

(Lucien-A. CAZALS).

PRIX : **0 FR. 30**

EN VENTE A TOULOUSE ET DANS LES PRINCIPALES VILLES DE FRANCE :

Chez les principaux **Libraires** et **Marchands** de Journaux

Et chez l'auteur { A **Montaudran** (Toulouse).
{ A **Roqueserrière** (Haute-Garonne).

Autres Publications de M. Lucien-A. CAZALS

Le Musée des Ecoles (1877)..................... **0.40**

> Cet ouvrage, le premier sur la matière, a été reproduit, analysé ou commenté par un grand nombre de journaux, etc.

Histoire de la Ville et de la Communauté de Montesquieu-sur-Canal, ou une page de l'Histoire du Lauragais (1882) **3 fr.**

> Ouvrage de plus de 300 pages, avec illustrations, etc., qui a été subventionné avec éloges par le Conseil général de la Haute-Garonne, et qui a valu à son auteur le Premier Prix au Concours de la Société archéologique du Midi de la France (1882), etc.

Le Jardin Botanique et le Champ d'Expériences des Ecoles (1886)................................... **0,30**

> Cet ouvrage, dont le succès fut très grand, a marqué le point de départ de la création des Champs d'Expériences.

Supplément à toutes les Histoires de France........ **1 fr.**

Discorso sull' utilità dello studio della lingua italiana pei francesi del mezzodi........... .... **0 30**

> Prononcé dans l'amphithéâtre de la Faculté des Lettres, en présence de l'Administration municipale et de la Colonie italienne de Toulouse (1882).

Vita di Garibaldi, traduit de l'italien de Luigi Francesco Guerra.................. .... **1 fr.**

Le Système métrique primitif.... .... **0.30**

La Murcia que se fué del Sr Dn Fuentes y Ponte, texte en langue espagnole.

Lettres sur la Dépopulation des Campagnes........ **0,75**

Buenos Aires, el Tempé argentino y la Pampa, d'après les notes prises *de visu* par l'auteur : édition trilingue (français, italien, espagnol), en préparation................. **5 fr.**

L'Orpheline de Montastruc (*Amours Champêtres*), roman de mœurs, publié sous le pseudonyme de René Lapointe **1 fr.**

I. — Un mot au lecteur

Ce n'est ni dans le fiel ni dans le miel que j'ai trempé ma plume pour écrire ces lignes.

J'ai considéré comme un devoir la publication du présent opuscule.

J'ai eu le courage de dire simplement la vérité.

La simple vérité est assez belle par elle-même pour intéresser, captiver ou même émouvoir.

Ai-je dit *toute* la vérité ?... Je ne le devais pas, je ne le pouvais point ;

Mon sujet est aussi insondable que l'*amour* dont il est la caricature, que le *cœur* dont il est la négation, que la *raison* dont il est la déplorable résultante.

Que les esprits mal pondérés ne lisent point ce livre : ils ne le comprendraient point :

Que les patriotes me fassent l'honneur de reconnaître que j'y ai recherché le bien du pays :

Et que les Magdeleines contemporaines dont le cœur n'est point complètement fermé à tout bon sentiment, à défaut du pardon de Magdala par ce Christ disparu à jamais de la terre, éprouvent en le lisant un remords quelconque, si faible soit-il : le *remords* me paraît être la limite extrême où une femme coupable ou perdue peut se ressaisir.

Quant aux femmes qui ne sont même plus capables de remords et *qui sont [nées perdues* (il y en a), tâchons de surmonter le dégoût qu'elles nous inspirent, et faisons un effort pour leur accorder une profonde compassion et une incommensurable pitié...

Mais appliquons-leur strictement la loi, et rendons cette loi plus sévère et plus clairvoyante : c'est leur intérêt et celui de la France.

Lucien-A. CAZALS (*René Lapointe*).

II. — Préliminaire patriotique.

Il est absolument établi, aujourd'hui, que la France court un très grand péril par suite du faible accroissement de sa population.

De 1896 à 1901 , cet accroissement n'a été que de 330,000 habitants, tandis que, pendant le même temps, il était, pour l'Allemagne, de 4,065,113 habitants , soit de 12 à 13 fois plus fort. De sorte que si cet état de choses continue — et je ne vois pas de raison pour qu'il en soit autrement — vers 1911, la proportion du contingent de notre armée contre celui de l'Allemagne sera de 1 sur 2, c'est-à-dire la moitié.

Dans ces conditions, quelles que soient et puissent être la valeur de nos soldats et l'habileté de leurs chefs, quel que soit ou puisse être le degré de perfectionnement de notre armement, nous sommes destinés, en cas de guerre, à être fatalement vaincus.

Et l'on sait que MM. les Allemands ne se gênent point avec ceux dont ils triomphent. On le vit après Sadowa comme aussi après le démembrement du Danemarck ; on l'a vu malheureusement aussi après la désastreuse guerre de 1870-71 ; on le verra peut-être bientôt quand s'ouvrira la succession de l'Autriche. Espérons que l'avenir ne nous réserve point de l'éprouver encore pour notre compte[1] !...

[1] Un symptôme qui m'attriste est la présence, bien souvent constatée, *d'espions allemands* sur nos frontières du Nord-Est et de l'Est. Ces individus ne seraient-ils pas les successeurs de ces *espions* dont j'ai longuement développé les allures dans un de mes livres ? (*L'Orpheline de Montastruc*, chez l'auteur, 1 franc, *franco*).

D'ailleurs (et c'est une justice à rendre à leur injustice), les Allemands ont le cynisme d'avouer que, aujourd'hui comme depuis longtemps déjà, pour eux *la Force prime le Droit*, ainsi que le disait leur féroce Bismarck, le grand pontife de ce dogme renouvelé des temps barbares.

Un écrivain allemand, le docteur Roumel, écrivait les lignes suivantes dans un livre intitulé *Le Pays de la Revanche :* « La politique des races est impitoyable. Le « moment approche où les cinq fils pauvres de la famille « allemande, alléchés par les ressources et la fertilité de « la France, viendront facilement à bout du fils unique « de la famille française. Quand une nation grossissante « en coudoie une plus clairsemée, qui, par suite, forme « un centre de dépression, il se forme un courant d'air « vulgairement appelé *invasion*, phénomène pendant « lequel *la loi et la morale sont mises provisoirement de* « *côté.* »

On avouera que c'est cyniquement menaçant pour nous.

Un autre écrivain allemand écrivait : « Le terrain « compris entre les Vosges et les Pyrénées n'est pas fait « pour que 38 millions de Français y végètent, du mo- « ment que 100 millions d'Allemands y peuvent pros- « pérer[1]. »

On peut constater, en lisant les statistiques, que, dans la vieille Europe, notre pays est celui où la densité de population est la plus faible. Et, tandis qu'en Angleterre on compte 131 habitants par kilomètre carré, en Italie 113 et en Allemagne 104, nous n'en comptons, en France, que 72. Et la disproportion va toujours s'accentuant...

Ainsi que l'écrivait le docteur Maurel dans un livre récent et tout vibrant de patriotisme alarmé[2], « le faible

(1) Cité par le Dr Bertillon dans l'ouvrage du lieutenant-colonel Toutée.

(2) Ce travail avait d'abord été intégralement inséré dans les colonnes de *La Dépêche*, de Toulouse, 1902.

« accroissement de notre population met la France dans
« une situation grave, menaçante même. On ne peut plus
« se faire illusion ni sur l'existence, ni sur la gravité, ni
« sur l'imminence du danger. Désormais cette conclusion
« s'impose que, si par des mesures promptes, énergiques
« et inspirées par la nature même du mal, l'Etat n'arrive
« pas à l'arrêter, la France doit s'attendre à perdre toute
« prospérité et à subir le joug humiliant de ses ennemis. »

Ce serait donc le *finis Galliæ*, la fin de la France...

Mais la France ne doit point périr.

Son existence et sa prospérité sont indispensables au
Monde. Notre devoir strict est de faire tous nos efforts
pour maintenir la première et développer la seconde.

A ce devoir qui s'impose impérieusement, les bons
citoyens ne doivent point faillir.

Dans tous les siècles, on vit, en France, au moment de
grands périls nationaux, des gens de cœur se lever, se
dévouer et se sacrifier même pour porter à leur pays le
concours de leur intelligence et le secours de leurs bras.
Je n'entreprendrai point ici de glorifier ces ancêtres dont
les noms sont inscrits à jamais dans les fastes de notre
histoire, et dont les belles actions font s'épanouir nos
cœurs d'une joie qui est à la fois un triomphe réconfor-
tant et une espérance sainte.

Nul doute que ne s'établisse prochainement dans notre
beau pays un puissant courant d'idées qui fera surgir des
défenseurs enthousiastes d'une cause noble entre les plus
nobles ; nul doute que nos plus distingués hommes d'Etat
ne tiennent à honneur d'attacher leurs noms à la défense
de ce qu'il y a de plus sacré dans une nation : l'existence
de ses citoyens et l'accroissement de leur nombre.

Déjà, depuis quelques années, des écrivains, des démo-
graphes, des économistes se sont préoccupés de la question dont je ne veux traiter que quelques points spéciaux

dans cet opuscule qui n'est guère qu'un *coup de clairon d'avertissement*. Moi-même, dès l'année 1878 (il y a un quart de siècle de cela), j'écrivis sur ce sujet des *Lettres* [1] qui furent bien accueillies. Mais ces travaux isolés n'ont point déterminé chez nous une préoccupation et une agitation suffisantes ; ils n'ont pu vaincre l'apathie invétérée des uns et l'égoïsme à la fois inconscient et coupable des autres ; ils n'ont pu détourner les esprits ni de l'ardeur fébrile de jouissances, ni des futilités insensées d'un luxe trop souvent démoralisateur, luxe auquel trop d'esprits légers et vains sacrifient même le confortable, même l'honneur...

La plaie de l'égoïsme s'étend et nous ronge de plus en plus : c'est comme un chancre vorace qui infeste et détruit tout ce qu'il touche. On ne songe plus qu'au veau d'or.

III. — Les Faiseuses d'anges.

Il faudra bien, pourtant, que nous examinions à fond les causes, *toutes les causes* du défaut d'accroissement suffisant de la population française, afin qu'elle ne soit point, à brève échéance, submergée par la population étrangère immigrée, qui compte déjà un individu pour 37 français, ce qui est une proportion alarmante tant pour le commerce que pour la défense et le génie de la France.

Je sais bien qu'il y a, à Paris, une *Commission de la natalité*, et que quelques citoyens étudient, à grand renfort

(1) *Lettres sur la Dépopulation des Campagnes*, à la librairie Privat, à Toulouse ; prix : 0 fr. 75. — Et chez l'auteur, à Montaudran (Toulouse).

de statistiques (!) et de projets, les voies et les moyens les plus propres à parer au danger imminent qui nous menace. Je n'ignore point, non plus, que la médecine et l'hygiène ont fait de grands progrès, et que la proportion de notre mortalité (sauf dans les casernes) est inférieure à celle des autres nations [1].

Il est certain, aussi, que l'état de célibat dans lequel vivent plusieurs milliers de personnes (religieuses ou non) n'est point fait généralement pour multiplier les naissances ; que les exigences de la vie matérielle deviennent de plus en plus grandes, etc., etc.

Toutes ces considérations ont, certes, leur poids, et doivent entrer en ligne de compte dans la résultante à chercher et à formuler.

Mais en parcourant divers ouvrages relatifs à notre dépopulation, j'ai vainement[2] cherché la cause qui me paraît une des principales : les actes coupables des *faiseuses d'anges et de leurs complices*, c'est-à-dire les personnes qui les payent et les femmes qui se prêtent, comme patientes, à leurs monstrueuses et immondes manœuvres.

Je ne crois point utile d'expliquer ce que c'est qu'une *faiseuse d'anges*. Chacun comprend que c'est une femme qui, par métier ou par occasion, fait périr dans le sein de la femme les fruits de la conception afin qu'ils soient éliminés à l'état d'ovule, d'embryon ou de fœtus, et qu'ils ne naissent point viables. Ces petits êtres disparaissent donc, et vont grossir les problématiques cohortes des

---

(1) Il convient de signaler ici les efforts du Dr Pinard, de Paris, pour enseigner la *Puériculture*, même aux fillettes de l'école primaire, et aussi les chroniques de Jean Frollo et de bien d'autres qui poursuivent le même but. Mais ces moyens sont à côté ou à la suite de la question. C'est à la *racine du mal* qu'il faut s'attaquer. Et, ici, le mot racine s'emploie au propre et au *figuré*.

(2) Le lieutenant-colonel Toutée en dit un seul mot : « Avortements et infanticides ».

anges. L'histoire ne dit point dans quelle Légion, ni dans quel Ordre, ni dans quelle Classe ils sont admis d'après le *De cœlesti hierarchia* de Denys.

A ces ignobles matrones que l'on appelle *faiseuses d'anges*, je joindrai les non moins ignobles femmes qui se rendent stériles au moyen de breuvages emménagogues ou de pratiques contre nature. Faute de vocable *ad hoc* pour caractériser ces dernières, et, d'ailleurs, pour ne point employer le substantif français qui dérive de la traduction du verbe latin *abortare*, je désignerai ce bloc de mégères sous la dénomination générale de *faiseuses d'anges*.

Chez divers peuples *peu civilisés*, comme aussi dans diverses tribus *à demi sauvages* des deux mondes, il est constant que les faiseuses d'anges pratiquent leurs coupables agissements d'une manière presque publique, et à l'aide de breuvages et de procédés plus ou moins faciles ou compliqués et que je me garderai bien de détailler, car ce que je pourrais dire irait sûrement contre le but que je me propose en écrivant ces lignes.

Je n'ai point à examiner ici les mœurs courantes consacrées par un long usage dans l'Egypte et dans la Kabylie, dans la Chine et dans l'Inde, dans la Tasmanie, la Patagonie et dans les pampas sud-américaines [1]. Peut-être pourrait on invoquer, pour justifier ces pratiques blâmables, le genre de vie nomade ou la pénurie d'aliments, comme c'est bien le cas chez les misérables Boschimans, si souvent talonnés par la faim.

D'ailleurs, nous habitons une contrée qui occupe un des rangs les plus distingués dans l'échelle de la civili-

---

[1] Alors que j'étais industriel à Buenos-Aires, j'ai eu souvent l'occasion de m'entretenir avec des Indiens de la Pampa. Si l'on s'en rapporte à leur témoignage, les avortements provoqués sont très rares dans leurs tribus.

sation, et peu doit nous importer ce qui se produit sous des latitudes arriérées.

De même on ne saurait admettre comme valable l'excuse tirée de la constatation que chez les rêveuses gretchen, les blondes ladies, les sémillantes italiennes, les brunes espagnoles, les faiseuses d'anges sont nombreuses. Je pourrais répondre que la lecture de la chronique judiciaire ou scandaleuse des journaux étrangers m'a prouvé que, chez nous, nous paraissons avoir le triste avantage de détenir le record sur ce chapitre macabre. Au surplus, nous sommes en France et, sur ce point particulier, comme aussi sur celui de l'application des pénalités édictées, *la loi française doit être obéie et appliquée dans toute sa rigueur*, en attendant que d'impérieuses modifications l'aient rendue plus sévère.

IV. — Réforme de l'article 317 du Code pénal.

La loi française, à mon sens *immorale* et fort *insuffisante* sur ce point, dit ceci :

« 1° Quiconque, par aliments, breuvages, médicaments,
« violences, ou par tout autre moyen aura procuré l'avor-
« tement d'une femme enceinte, soit qu'elle y ait consenti
« ou non, sera puni de la réclusion.

« 2° La même peine sera prononcée contre la femme qui
« se sera procuré l'avortement à elle-même ou qui aura
« consenti à faire usage des moyens à elle indiqués ou
« administrés à cet effet, si l'avortement s'en est suivi.

« 3° Les médecins, chirurgiens et autres officiers de
« santé, ainsi que les pharmaciens qui auront indiqué ou
« administré ces moyens, seront condamnés à la peine des

― 18 ―

« travaux forcés à temps, dans le cas où l'avortement
« aurait eu lieu. » (Art. 317 du *Code pénal*).

J'ai dit, plus haut, que la loi française est *insuffisante*
sur la question qui m'occupe. Cela me paraît de toute
évidence. L'art. 2 du *Code pénal* est ainsi libellé :

« Toute tentative de crime qui aura été manifestée par
« un commencement d'exécution, si elle n'a été suspendue
« ou si elle n'a manqué son effet que par des circonstances
« indépendantes de la volonté de son auteur, *est considérée*
« *comme le crime même.* »

Il y a donc une sorte de contradiction entre l'art. 2 et
cet article 317 qui spécifie si congrûment qu'il faut, pour
que le *crime* soit *punissable*, que *l'avortement se soit produit*.

Je ne discuterai point cette question juridique où la
sagesse et la prévoyance des jurisconsultes me paraissent
être en défaut ; d'ailleurs une discussion sur ce point
aurait trop de points de ressemblance avec la casuistique
théologique[1]. Et, en dehors et au-dessus de toute jurisprudence, je m'en rapporterai au simple bon sens. (Je n'entends
point dire, pourtant, que les discussions de jurisprudence
et de casuistique en soient généralement dépourvues).

Ce que je veux affirmer, c'est que l'auteur de tout acte
essentiellement mauvais et préjudiciable à la société *doit
être châtié*.

En se référant simplement à l'art. 2 du Code pénal, on
pourrait alléguer que la *tentative d'avortement* n'est point
punissable ni préjudiciable, et, partant, n'est pas crimi-
nelle, le crime n'ayant point été consommé. Me plaçant

---

(1) De même il me paraîtrait oiseux de rechercher ici à quel moment de
la gestation humaine l'âme s'adjoint au petit être. Je laisse volontiers ce
soin aux juristes-casuistes et aux partisans de traumatismes à extraire et
de césariennes archaïques.

uniquement au point de vue préjudiciel, j'affirme haute-
ment le contraire.

Laissant de côté la question de *droit*, je considèrerai
seulement le côté médical ou *pathologique*, qui devient,
en l'espèce, une question de *fait*.

V. — La mort guette les faiseuses d'anges.

Les docteurs médecins sont unanimes pour proclamer
que l'avortement provoqué porte le plus grand *préjudice*
et produit les troubles les plus profonds et les plus graves
dans l'économie générale de la santé et aussi, naturelle-
ment, dans les organes de la génération. C'est évident.
Ce n'est point en vain que l'on violente la nature. Les cas
de mort chez les femmes qui *tuent* dans l'œuf leur progéniture ne se comptent plus.

Quant aux femmes qui *sauvent* leur vie après leurs coupables manœuvres abortives, leur existence, bien souvent,
n'a tenu qu'à un fil (je ne parle pas du fil de la Parque) et
la plupart d'entre elles demeurent infirmes pour de
longues années, sinon pour toujours. Bien souvent, cette
infirmité est très spéciale et tout intime. Mais elle n'en
existe pas moins. Et si les femmes en font confidentielle-
ment l'aveu, elles affirment toujours en ignorer la cause.
C'est très clair.

De là, sans parler de diverses névroses dont elles peuvent être affectées, sans guérison probable, les irrégula-
rités périodiques, les flueurs, les plaies sur divers organes
génitaux, les catarrhes, les métrites, les endométrites, etc...,
maladies qui font trop souvent le désespoir de la médecine

et dont « le caractère est de s'aggraver de jour en jour »[1]. Le tout sans préjudice du triste cortège de ces affections morbides et souvent *dégoûtantes* et qui, à la ménopause, peuvent se « transformer en tumeurs malignes contre lesquelles on épuise en vain toutes les ressources de l'art.[1] ».

Il y a donc eu *préjudice* pour la santé de la femme.

N'y a-t-il pas eu *préjudice* pour le mari, et cela à tous les points de vue? Le nier serait folie[2].

N'y a-t-il pas eu *préjudice* aussi pour l'enfant qui, malgré tout ce qu'on a fait pour le tuer, s'obstine à vivre et naît enfin viable[3]? C'est incontestable. Et voilà une des causes pour lesquelles la mort fauche avec rigueur sur les nouveau-nés, tandis que ceux qui survivent demeurent chétifs, maladifs, ou... pire pendant toute leur vie, et peuvent avoir une descendance affligée des mêmes tares et dont l'existence ne sera plus qu'une lamentable agonie. Que peut ici la Puériculture ?... Rien...

Je dois ajouter que, bien souvent, les criminelles pratiques des faiseuses d'anges amènent la femme à la stérilité, au moins temporaire. Evidemment, cette tare émeut peu les maris qui consentirent aux avortements coupables. Mais s'il s'agit d'un homme qui s'est marié pour avoir une descendance — et c'est le cas le plus ordinaire — il sera péniblement affecté de l'infécondité de sa femme. Et cet

---

(1) Dr Bouteil, spécialiste, de Bordeaux.

(2) Sans compter les dépenses d'argent, les craintes et les angoisses du mari, etc., son amour-propre n'a-t-il point à souffrir de tant et tant de visites fréquentes chez les médecins? Je ne parle point des pénibles épreuves que la pudeur des femmes doit supporter : les faiseuses d'anges ont-elles conservé la plus minime parcelle de pudeur?

(3) Au sujet de cet enfant, la mère peut bien se dire :

« Je suis la mère d'un enfant
« Dont les sourires me poignardent ».   (Victor-Hugo).

état de choses peut avoir des conséquences très funestes pour l'avenir du ménage.

Il n'y a donc pas que les malheureuses épileptiques[1] qui soient, en général, infécondes ; il y a aussi les coupables. Sans doute, toutes les infécondes ne furent point coupables, car il y a bien des cas d'infécondité native (je ne dis point *naturelle*, parce que cette tare est extra-naturelle).

Par un raisonnement très simple, ne pourrait-on point déduire, comme conséquence, la raison pour laquelle « la population rurale donne la meilleure natalité ? » (Dr Maurel).

VI. — Appel aux Sénateurs et aux Députés.

Il est donc certain que l'article 317 du *Code pénal* est insuffisant. Il faut le rendre plus sévère et l'appliquer rigoureusement.

Je ne doute point que parmi nos législateurs il ne s'en trouve un qui prenne l'initiative de le faire *remanier* et compléter en y comprenant la *tentative* d'avortement, et en édictant des pénalités contre les *sages-femmes*, les *herboristes* et les *botanistes* convaincus d'enfreindre la loi. Ces deux derniers spécialistes peuvent, très souvent, être plus habiles que certains pharmaciens à utiliser les poisons végétaux qui, comme on le sait, laissent très peu ou ne laissent point de traces à l'analyse. Je crois inutile d'insister sur cette question botanique, qui m'est familière.

Le sénateur ou le député qui attacherait son nom au remaniement dans ce sens de l'article 317 du Code pénal

---

[1] Je dirai prochainement pourquoi la loi devrait interdire le mariage aux *épileptiques* des deux sexes, ainsi qu'à d'autres individus affligés d'autres tares qui inspirent une répulsion analogue.

pourrait être considéré comme un notable bienfaiteur de notre chère France, tant au point de vue matériel qu'au point de vue moral.

VII. — Déchéance morale de la femme. Filles mères ou Courtisanes.

Quelques esprits superficiels ou débonnaires, pervertis ou indifférents, corrompus ou cyniques, trouveront peut-être excessive la sévérité, la rigueur que je réclame avec insistance contre les faiseuses d'anges et leurs complices[1].

Avant de me lancer des critiques amères ou malveillantes et de vouer mon livre aux gémonies, qu'ils examinent avec soin les faits qui se produisent journellement autour d'eux, et ils seront émus de dégoût ou de pitié en constatant la *profonde déchéance morale* où sont tombées certaines femmes qui se prétendent ou se disent honnêtes, et qui agissent d'une manière pire que les professionnelles de l'intrigue et de la débauche.

Qu'ils lisent la chronique des journaux et les débats des cours d'assises, qu'ils réfléchissent aux turpitudes que le hasard seul quelquefois dévoile et qui ne représentent qu'une bien faible part de celles qui se commettent, et ils seront pleinement convaincus qu'il faut remanier une loi insuffisante et immorale.

(1) D'aucuns pourraient me répondre, avec l'illustre Michelet : « Il n'y a contre la femme nul moyen sérieux de répression. Elles sont souvent coupables, elles sont moralement responsables ; et cependant, chose bizarre, elles ne sont pas punissables..... Celui qui les frappe se frappe ; qui les punit se punit. Elles sont le monde de la grâce ; la loi ne peut rien sur elles..... » J'admire Michelet, mais, ici, je me sépare de lui. Il poétise trop certaines femmes. Il a raison pour quelques-unes, mais il a franchement tort pour la grande majorité.

Le nombre des infanticides, des avortements, des suppressions d'enfants s'accroît d'une façon aussi scandaleuse que déplorable et antipatriotique, et il n'est presque pas de semaine, où on n'ait de trop nombreuses preuves de la véracité de mes affirmations. Je fais le public juge.

Les jurys, trop débonnaires, déplorablement débonnaires, émus par une sentimentalité trop grande, ou sous l'influence d'une mentalité inexperte, acquittent, acquittent presque toujours les femmes criminelles ou leur accordent les circonstances atténuantes dans une mesure si large que la loi actuelle s'en trouve quasiment annihilée et bafouée. Et on redoute moins la Cour d'assises que la Régie.....

Sans doute, il est des cas où la pitié semble de mise, surtout quand un avocat habile et éloquent a su faire vibrer la fibre pathétique, a su donner — je ne dis pas *communiquer* — et a su inspirer à son auditoire une émotion qu'il ne partage pas toujours.

Tantôt ce sera le cas d'une jeune fille naïve qui aura cru trop facilement aux accents trompeurs et aux promesses fallacieuses d'un drôle dont le succès amoureux ne sera souvent que le résultat d'un pari fait entre libertins et fainéants bêtement attablés sur la terrasse d'un « café » : tantôt ce sera une domestique qui n'aura pas su résister aux lubricités impératives d'un maître indigne, etc...

Il est clair que dans ces cas, et d'autres analogues, la pitié, l'indulgence ou le pardon semble s'imposer[1]. Pourtant, ce pardon, s'il est accordé, sera souvent plus

(1) Il y aurait lieu d'examiner ici la question de la *Recherche de la paternité*. Mais cette question, extrêmement complexe, et compliquée encore comme à plaisir par la légèreté et l'inconstance de bien des femmes, ne saurait être résolue au pied levé, en supposant qu'elle puisse jamais l'être d'une manière équitable.

préjudiciable à celle qui en aura bénéficié qu'une condamnation. Ne sera-t-elle point tentée de recommencer ?... *That is the question.* Et, de chute en chute, cette pauvre fille, qui est le plus souvent une fille *pauvre*, sera poussée à l'égout, d'où elle ne sortira plus jamais. Et, fatalement, pour gagner sa triste vie, elle ira grossir le nombre de ces esclaves sans nom qui peuplent les maisons de débauche. Ces esclaves constituent déjà, en France, un troupeau de cent mille têtes. Et ce troupeau est reconnu par la loi, patenté, exploité... Il est pourtant la honte d'une démocratie...

Je ne m'attarderai point à parler de cette misère, de cette pourriture sociale très émouvante dans laquelle tant de filles du peuple *groinent* à plein nez dans l'opprobre, comme des pourceaux dans l'ordure, en feignant de baver d'amour, comme des chiennes, sur les girons des vieux libertins cossus et des éphèbes en mal de passion. De grands esprits' n'ont pas cru indigne d'eux de se pencher sur cet enfer, sur ce cloaque infect où grouillent par milliers ces dénaturées qu'une sévère condamnation eût peut-être sauvées. Car tandis que l'acquittement ne rachète rien et laisse subsister la tache d'une façon indélébile, ces malheureuses, par l'effet salutaire d'une condamnation, auraient pu racheter leur faute et se seraient peut-être relevées, surtout si notre société, évoluant un peu sur ce point, ne voyait enfin dans la plupart des coupables sortant de prison que des enfants momentanément égarés qu'elle

---

(1) Victor Hugo dans *Les Misérables*, Dostoïewsky dans *Crime et Châtiment*, Ed. de Goncourt dans *La Fille Elisa*, Tolstoï dans *Résurrection*, etc... De même, s'en sont occupés MM. Yves Guyot, Aug. de Morsier, Schœlder, de Pressensé, Jules Simon, Fréd. Passy, Mauriac, Fournier, Augagneur, mon vieil ami et collaborateur Ed. Groult, docteur en Droit, universellement connu, et Mesdames de Morsier, Bogelot, Buttler, de Sainte-Croix, Pézard, Lajoye, Comtesse Agénor de Gasparin, avec laquelle j'eus l'honneur de correspondre, etc...

se doit de guider après l'expiation et de diriger vers le
bien et vers leur rénovation ou leur résurrection sociale.

Voilà, trop longuement développé peut-être, ce qui con-
cerne les jeunes filles qu'un moment d'égarement a dé-
voyées.

VIII. — Mères de famille perdues.

Mais que dire des *femmes mariées* qui font disparaître
leur progéniture ?...

De celles qui la font disparaître avec d'autant plus
d'anxiété que cette progéniture a été quelquefois... récoltée
on ne sait où, dans les multiples courses de ces trotteuses
endurcies qui semblent vouloir user le pavé des rues ou le
parquet des antichambres... *pour voir*... ou pour rechercher des émotions malsaines et aussi des... déclarations à
brûle-pourpoint ; qui paraissent avoir pris à tâche de
visiter toutes les cliniques, de parcourir toutes les officines
et aussi de fréquenter tous les lieux où la passion peut
sourdre et raviver leurs désirs lubriques, physiquement
éteints pour jamais ? Repoussées parfois, rebut de tous,
elles déambulent doucement, discrètement, mystérieuse-
ment, offrant en quelque sorte à chacun leurs charmes
défraîchis et ces chairs flasques où ne courut jamais un
frisson de sentiment... ; femmes *au cœur sec*, femmes *sans
cœur*, capables de tout, même d'empoisonner leur mari...
pour une intrigue qui sera bientôt abandonnée... pour une
autre intrigue...

Oh ! celles-là, sous le couvert de leur honnêteté de
contrebande, celles-là sont au-dessous de tout...

Et l'on pourrait croire que le grand Victor Hugo les
visait bien quand il écrivait :

> La femme est une gloire et peut être *une honte*
> Pour l'ouvrier divin et suspect qui la fit.

Oui, ces femmes sont *une honte*, une abjection...

Et si nous entendions mieux *le point d'honneur*, ce n'est
point à la fille-mère que nous réserverions nos sarcasmes
et notre mépris, mais bien à la **femme mariée** qui se
fait *faiseuse d'anges*.

Je ne connais point de crime plus ignoble et qui indique
une pareille bassesse d'âme, une pareille dépravation, un
pareil néant. On peut généralement constater, d'ailleurs,
que ces criminelles sont de dangereuses mégères, à tous les
points de vue. J'en appelle au témoignage de ceux qui en
connaissent. Ils ne me démentiront point.

Et que l'on n'objecte point que quiconque est libre de
créer ou de procréer est libre de tuer. Ce raisonnement
constitue un sophisme que n'admettront jamais les honnêtes gens.

Eh quoi! on réserve la *surveillance* et la *honte* pour les
filles-mères, tandis que l'on conserve *quelques semblants
de considération* à ces coureuses aventurières et à ces mé-
nagères hypocrites et criminelles, et que l'on accepte avec
la même indifférence qu'elles *tuent* leur progéniture ou
qu'elles la mettent au monde !...

Cela me paraît le comble de l'aberration et constitue un
scandale qui ne me paraît point devoir être plus longtemps
toléré dans un grand pays comme la France.

IX. — Silence coupable des populations.

Et le silence que l'on observe à ce sujet me paraît une sorte de *complicité*.

Car le plus souvent *on garde le silence* sur ces avortements provoqués qui sont presque toujours, pourtant, le *secret de Polichinelle*.

On dirait qu'une sorte d'accord tacite s'est établi parfois entre tous les habitants d'une rue ou d'un quartier pour cacher à la justice ce fait criminel, qui devrait faire mettre au pilori et au bagne celles qui s'en rendent coupables, si le pilori n'était point aboli, et si le bagne n'était pas, quelquefois, hélas ! destiné à des innocents....

Et que l'on n'objecte point que les avortements clandestins et criminels sont rares.

Ils sont, au contraire, très fréquents.

Il résulte de mes observations que, par chaque mille habitants, il se produit au moins un de ces crimes par an. Et je ne parle que de ce qui est NOTOIRE.

Mais chacun se tait, afin d'éviter d'avoir des démêlés avec dame Justice, dont les dispensateurs, dit-on, ne sont pas assez isolés de la société, et qui pourraient — bien involontairement, sans doute — faire osciller — je devrais dire trébucher — la vieille balance de Thémis d'une façon désagréable pour les dénonciateurs, même bien intentionnés. Et le public français n'aime point *les histoires*.

Et voilà pourquoi les faiseuses d'anges ne se gênent guère ou même presque point du tout.

Et voilà pourquoi il arrive parfois qu'elles enfouissent au coin d'un champ ou d'un jardin, ou... ailleurs, comme s'il s'agissait de pourceaux (en vraies mères ou femelles de pourceaux qu'elles mériteraient d'être) des fœtus de plus de trois mois et dont le sexe est parfaitement déterminé, et cela sans déclaration de *mort-né* à la mairie, ce qui constitue un délit grave, très grave, car il laisse le champ libre à toutes les suppositio..s. Y a-t-il ou n'y a-t-il pas crime?...

X. — La vraie cause de la dépopulation.
Appel aux Magistrats.

La voilà bien *la vraie cause* de l'état stationnaire de notre population.

A mon avis (et j'estime, sans forfanterie, que mon avis a son poids, car il résulte de longues observations), à mon avis, dis-je, voilà la CAUSE PRINCIPALE de ce mal dont nous souffrons, et qui alarme à bon droit les esprits sérieux.

Et le remède est très facile et d'une simplicité extrême :

1° *Application sévère de la loi ;*

2° *Remaniement de cette loi ;*

3° *Vigilance très active des magistrats et de leurs subordonnés.*

Si l'on songe qu'il y a, en France, 38,000,000 d'habitants et que l'on pourrait, je crois, d'après la proportion que j'ai indiquée plus haut, augmenter annuellement notre population de 38,000 habitants, que l'on suppute l'accroissement qui en résulterait, surtout quand la génération des PRÉSERVÉS serait d'âge nubile.

Notre salut me paraît là *bien plus qu'ailleurs.*

Et, dès aujourd'hui, je dirai respectueusement à MM. les Procureurs de la République :

Informez-vous, interrogez, enquêtez, en un mot : VEILLEZ et CHERCHEZ, et VOUS TROUVEREZ.

XI. — Un Type rêvé de Faiseuse d'Anges. — Son indignité. — Bourreau justicier et Ecrivain vengeur.

Voyez-vous cette femme, jeune encore, qui paraît comme accablée sous le poids d'un mal étrange ou d'un remords atroce ?...

Voyez ce teint blême et terreux qui semble déjà touché par la mort, ces yeux caves, ces joues creuses, cette démarche chancelante, ce regard oblique fuyant tous les regards, cette bouche ravagée laissant échapper par intermittences une sorte de salive impure, rappelant l'abondante bave des malheureux atteints d'épilepsie !...

Entendez cette voix rocailleuse, éraillée, d'une tonalité douteuse et imprécise, et qui, par intervalles, évoque le souvenir des aboiements lamentables d'une chienne en rut !...

Voyez aussi, par instants, les accès de cynisme plus ou moins conscient de cette créature misérable et méprisable minée par une de ces maladies intérieures dont l'issue est fatale à une échéance plus ou moins prochaine...

Cette ruine de femme se promène, parfois courbée sur un bâton, et ne semble vivre que pour traîner lamentablement la lourde chaîne qu'elle ne brisera qu'à la mort, chaîne morale d'infamie mille fois plus lourde que celle des forçats du bagne... et plus déshonorante aussi...

Cette femme (j'allais dire cette femelle), jeune encore, sur le triste sort de laquelle personne n'oserait s'apitoyer, et que chacun, intérieurement, regarde avec une méprisante colère et une répulsion profonde, est une matrone sans pudeur et sans honneur, qui est la honte de son sexe et l'opprobre de tous.

Mais qu'a donc fait cette malheureuse créature pour être condamnée à traîner ainsi une existence maudite ? De quelle action contre nature s'est-elle rendue coupable ? Quel crime a-t-elle donc perpétré ?

Quel crime ? (car elle a commis un crime) Quel crime ?...

Elle a été assez dénaturée pour tuer, une ou plusieurs fois, le fruit de ses amours, amours coupables ou légitimes ? elle seule le sait...

Elle a fait ce qu'aucune femelle des animaux les plus inférieurs ne fit jamais, tant il est monstrueux d'éteindre la vie là où la nature voulut qu'elle s'éveillât et qu'elle allumât son flambeau [1].

Elle a tué la chair de sa chair, le sang de son sang, le souffle de son souffle...

Elle a tué, étouffé ou empoisonné un être sans défense auquel elle n'a pas voulu donner le jour...

C'est une *faiseuse d'anges*.

Oh ! l'horrible, l'immonde et lâche créature !...

Et, maintenant, elle déambule péniblement, vaincue par la douleur physique et accablée par le remords qui doit lui ronger la conscience. Car la conscience est implacable. Et cette femme défaillerait de honte si elle savait que l'on peut lire dans son âme de boue.

Il ne lui resterait plus qu'à fuir et à aller se cacher sur une terre étrangère et lointaine, dans un lieu ignoré de tous. Les tares physiques de son corps délabré et la lèpre morale qui l'environne dans une ambiance aussi torturante que l'était la robe de Nessus lui rendraient impossible le séjour parmi les honnêtes gens.

[1] L'immortel Rabelais remarque que, pour protéger leurs petits, les femelles des animaux refusent même tout contact avec le mâle pendant la gestation.

Doit-on marquer d'un fer rouge appliqué sur son front ou sur son épaule cette malheureuse dénaturée qui se fait horreur à elle-même ?

Je n'ai point le triste courage de donner un nom à cette femme.

Je ne salirai point ma plume en écrivant un nom qui pue l'ignominie et aussi l'inoubliable relent qui se dégage de cette immonde réaction chimique ambulante dont les principaux éléments sont des drogues et des microbes, des gonocoques et des ulcères, des lochies fétides et du phénol, et du sublimé, et du coaltar, et de l'iode, et de la lavande, et du nitrate d'argent...

Le bourreau qui, autrefois, marquait au fer rouge, d'une fleur de lys, les voleurs de grands chemins, les assassins et autres bandits condamnés pour toujours à ramer sur les galères royales — de là leur nom de *galériens* — le bourreau d'autrefois, dis-je, quand il accomplissait sa sinistre besogne s'adressait au moins à des hommes qui avaient fait preuve de courage pour commettre leurs odieux méfaits ; il marquait des hommes qui, bien souvent, avaient exposé leur vie pour perpétrer leurs crimes, et qui avaient prouvé qu'ils n'étaient point des lâches. Tels Cartouche, Mandrin, les Chauffeurs, etc....

En marquant au fer rouge de ma plume impitoyable et implacable cette femme dont rien n'égale la lâcheté, j'accomplirais un acte qui, me mettant en contact avec elle à la faible distance d'un fer rougi ou d'une plume effilée, me paraîtrait non pas odieux, mais répugnant et dégoûtant. Pour sûr, le fer rouge ou la plume s'échapperait de ma main....

XII. — Appel à la pitié.

Si, à travers le monde, le hasard — ce dieu qu'on n'invoque jamais et que l'on rencontre toujours — si, par aventure, le hasard met sous vos pas une faiseuse d'anges, contenez vos sentiments de dégoût et réprimez tout mouvement de colère ; prenez cette femme en pitié.

Songez qu'elle est épouse, qu'elle est femme, qu'elle pourra peut-être encore être mère, et qu'elle sera assez punie par l'état d'infériorité, de dégénérescence physique et morale où risquent de végéter ses enfants à venir ;

Songez aux cauchemars, aux craintes, aux angoisses et aux remords cruels qui doivent assiéger son âme et continuellement la plonger dans une torturante désespérance ;

Songez que ce n'est point seulement la douleur physique qui courbe sa taille, amaigrit ses traits et ravage tout son être, mais bien le poids du mépris public et du mépris qu'elle a d'elle-même, et que ce double mépris l'accable, l'écrase, l'anéantit ;

Songez que l'immanente Justice s'appesantira un jour sur elle et la frappera dans ce qu'elle pourra avoir de plus précieux, de plus sacré, et qu'un jour viendra — qui n'est pas loin, peut-être — où, se traînant à genoux dans un inconscient accès de désespoir délirant, elle implorera le pardon de tout et de tous, même des arbres de la grande route, même des meubles de sa maison... ;

Songez que, comme une folle — et à l'exemple des femelles dont on a ravi la portée — elle les cherchera partout, ces pauvres petits êtres dont elle éteignit le regard, dont elle voila le sourire, dont elle étouffa la voix, dont elle refroidit le cœur... ;

Songez enfin que vous avez devant vous un lamentable échantillon d'une malheureuse descendue à l'ultime échelon de la misère et de la dégradation humaine :

Une mère qui tue son enfant !...

Et, si vous avez du cœur, plaignez cette femme, ayez-en pitié !...

LUCIEN A. CAZALS (*René Lapointe*).

Roqueserrière (à la Pointe), avril 1903.

Imprimerie Gadrat et Cie, bd de Strasbourg, 23 et 25. — Toulouse

www.ingramcontent.com/pod-product-compliance
Ingram Content Group UK Ltd.
Pitfield, Milton Keynes, MK11 3LW, UK
UKHW020100100726
13658UKWH00004B/1889